L'ANTIQUAIRE

LYONNAIS

« il existe des secrets qu'on aimerait ne jamais découvrir »

Chapitre 1 : Un étudiant passionné

1994 : Raphaël à 18 ans. Habite Lyon, dans le quartier de la Croix-Rousse. Il est étudiant en terminale, et s'intéresse notamment sur la période 40-45, la Seconde Guerre mondiale. Celui-ci est très intrigué par le procès de Klaus Barbie qui se passait au Palais de justice de Lyon en 1987. À 11 ans, il savait juste qu'il s'agissait d'un tortionnaire mais ne connaissait rien de cette période tragique qui a provoqué entre 50 à 85 millions de morts.

Ce militaire Allemand, officier SS sous le régime nazi, appelé « le Boucher de Lyon » à été retrouvé, après avoir fui en Bolivie sous une autre identité. Condamné pour crimes contre l'humanité, il meurt en prison le 25 septembre 1991. Les années passantes, Raphaël prit connaissance d'un réseau secret durant cette guerre appelée la résistance. Ne sachant d'ailleurs même pas qu'à cette époque son véritable grand- père faisait partie de ce groupe. En fait, il le connaît peu. Lui et sa grand-mère se sont séparés depuis longtemps, il ne les a jamais vu ensemble. Dans son enfance, s'était donc son nouveau compagnon André, son grand-père de substitution, un bon vivant sans histoire avec lequel il s'était attaché.

Le temps a passé, et Louis restait dans l'ombre. Pour ne pas froisser sa grand-mère maternelle, il ne faisait pas partie des fêtes familiale. Puis avec le temps, ils se sont enfin connus, mais trop tardivement, en évitant le sujet de sa nouvelle vie privée. Assez intriguant, réservé, personnel, il avait envie de le connaître davantage, mais d'un tempérament pudique et réservé comme lui, la communication restait difficile. Le sujet de la guerre et notamment de la résistance était furent un prétexte de rapprochement, surtout pour ses études car il devait présenter un exposé sur le sujet.

Chapitre 2 : L'invitation chez Louis

Louis accepte après un bref dialogue au
téléphone, de le recevoir le Mardi 6 Décembre
à 17h30 chez lui, Cours Gambetta dans son
appartement du troisième arrondissement de
Lyon, pour l'aider à rédiger son exposé sur le
sujet de la résistance.
C'est la première fois qu'il s'y rend seul. Il doit
prendre deux bus, puis après vingt minutes de
marche, il arrive enfin en bas de son
immeuble. Il sonne, la porte d'entrée s'ouvre,
puis il doit monter au dernier étage. Mais
craignant l'ascenseur, celui-ci prend
les escaliers malgré les nombreuses marches
qui le séparent de lui.

Une fois arrivé en haut, il est là, l'attendant
sur son palier. Grand, mince, L'allure
distinguée, toujours impeccable avec son
costume gris et cravate. Il lui sourit,
l'embrasse chaleureusement, lui disant:

- « Bonjour, comment vas-tu ? c'est gentil de

venir me voir »
Il lui répond :

-« C'est moi qui te remercie de me recevoir, et m'aider dans mon exposé sur la résistance. »

C'est toujours dans une ambiance particulière quand il rentre dans son appartement. D'abord l'entrée très chaude aus murs rouges, une grande armoire noire à bijoux, où pierres en jade, statuettes et sculptures contemporaines sont exposées derrière la vitre, ainsi qu'un boudha trônant sur un coffre près de l'entrée. Tous les recoins de ces pièces sont cosys, intimistes. Un côté feng shui thaïlandais avec plantes et lumières tamisées pour avoir un esprit reposé. Arrivé dans le salon, c'est une vraie exposition de tableaux sur ses murs dont les couleurs et la matière de la peinture ressortent bien sous la lumière des spots. Au dessus du canapé, ses étagères en glace sont remplies de livres sur l'histoire de l'art, la guerre, des statuettes maasaï en bois noir. Son lieu est rempli de souvenirs de tous ses voyages à travers le monde. Et pour être totalement plongé dans cette ambiance venue d'ailleurs et se sentir vraiment déconnecté, il a mis du tam-tam en fond sonore.

Pour être sûr qu'il se trouve bien à Lyon il suffit d'aller sur son balcon, mais il restera en recul car le vertige le gagne. La vue panoramique de nuit est magistrale. Dominant la ville, il voit le crayon, la tour de la part Dieu et tous ses carrés mis en lumière. De l'autre côté c'est le luna-park avec la fête foraine. Nous sommes en décembre et il fait très froid, il rentre et s'installe confortablement. Louis a tout préparé sur la table en glace en face de lui, chocolat, et même un verre d'alcool avec. Bref, il sait recevoir et mettre à l'aise. Se rappelant de ses invitations à diner il y a déjà quelques années, il a pu manger la quenelle, spécialité lyonnaise que Louis avais pris soin d'acheter dans son quartier huppé des hall. Après le repas, il nous montrait des diapositives de ses souvenirs de voyages, puis bien sûr son sujet favori, la résistance. Après s'être restauré, il se lance sur le sujet de sa venue principale, son aide pour son exposé où il doit décrire précisément ce mouvement clandestin dont Louis faisait partie.

Il commença par lui dire qu'il fallait réagir face à la domination de l'allemagne hitlérienne entre 1940 et 1944. Les objectifs sont variés : provoquer des attentats, des sabotages, il fallait renseigner la population par une diffusion de presse clandestine, puis par la radio. Il fallait à tout prix libérer la France de ce régime fasciste. Au départ, c'est le général de Gaulles qui a lancé le 18 juin 1940 à la radio de Londres une résistance extérieure en dehors du sol français. Un grand appel à la France libre qui était devenue le nom de son rassemblement. Mais au début peu de personnes le rejoignaient dans ce combat ; il était donc isolé et n'avait pas de lien avec la formation des premiers réseaux de résistance. Dès juillet 40, la résistance intérieure commençait quelques actions comme la distribution de tracts. Quelques réseaux désordonnés au départ se formaient difficilement en zone sud et nord.

Mais en mai 1941 un mouvement communiste de résistants appelés le Front National est actif en juillet de cette même année et était présent dans les deux zones. Mais jusqu'à la fin de l'année 1941, les mouvements en concurrences, n'étaient pas assez implantés et manquaient d'organisation.

Pour unir tout ces réseaux, Charles de Gaulles a envoyé un ancien préfet appelé Jean Moulin, déjà rallié à son parti, qui va unifier tous les mouvements en juillet 1942 et créer un lien entre la France libre et la résistance intérieure. Il deviendra le Chef de la résistance. Dans le sud de La France il crée « les mouvements unis de la Résistance » en 1943. La même année, il réunit l'ensemble des résistants français au sein du conseil national de la résistance. Mais un mois plus tard le 21 juin 1943, il est arrêté à Caluire en pleine réunion entre résistants, dénoncé par un traitre. Pour obtenir des informations, celui-ci est torturé par le chef de la Gestapo Lyonnaise, un certain Klaus Barbie. Jean Moulin tombe dans le coma sans avoir cédé à la pression des questions, il décèdera le 9 juillet 1943 en Allemagne durant son transfert.

Louis a réussi à lui faire une synthèse claire et précise sur la résistance en général. arrêtant de prendre ses notes, il était maintenant curieux de son rôle personnel, ce qu'il a pu établir dans le secret pour lutter contre le régime nazi, et voulait en savoir plus sur ses connaissances, concernant ces résistants célèbres comme Serge Ravanel et Lucie Aubrac. Des discussions plus personnelles qu'il ne mettra pas dans l'exposé. Il a d'ailleurs bien dit que cela doit rester privé. Louis avait un code de l'honneur très pointu.

Après ces discussions très enrichissantes, il le remercie de son invitation, et
l'embrasse en espérant le revoir plus souvent..

Chapitre 3 : Un nouvel antiquaire

Mercredi 7 Décembre 1994 : Aujourd'hui Raphaël finit à 16h, et avait envie de se balader dans Lyon pour s'acheter un cd-rom culturel éducatif et interactif sur la guerre 40-45 afin d'étoffer encore son exposé, puis envie de marcher et flâner. Longeant le Boulevard, se dirigeant place croix-rousse où la vogue a laissé place aux peintres sur le socle de la statue Jacquard, puis au crieur public. Un quartier qui a su garder un air d'autrefois. Il traverse juste en face pour rejoindre la place de la grande côte pour admirer le panorama de Lyon avec ses multitudes de toits se fondant dans les couleurs des arbres où l'automne se termine. La neige commence d'ailleurs à prendre place sur les tuiles. Ce spectacle est surplombé par la cathédrale de Fourvière et sa tour Eiffel.

Après avoir profité de la vue, il prend les longs escaliers descendants qui vont rejoindre le centre-ville. En attendant, il va croisé les nombreux ateliers et magasins d'artisans, des petites galeries de peinture, de photographes, d'illustrateurs, graphistes. Il arrive au niveau de la place des Terreaux, s'avançe vers la fontaine Bartholdi : Une statue de Marianne dressant ses chevaux au-dessus d'un grand bassin où les pièces s'entassent au fond de l'eau, jetés par des superstitieux. Beaucoup de badauds prennent place pour tuer le temps, ou ce sont des couples qui se rejoignent pour une pause, profitant de l'eau jaillissante. Mais Raphaël ne s'arrêtera pas à cet endroit.

Supportant mal le bruit de la circulation, il préfère se déconnecter l'esprit dans le jardin du musée des Beaux-Arts. Un autre monde où l'on oublie en un instant que l'on se trouve en pleine ville. En effet, les murs de cette ancienne abbaye datant du 17 ème siècles protègent du bruit extérieur. Un véritable paradis dans la ville, un jardin d'eden composé d'un bassin entouré d'une végétation florissante ainsi que des statues de Saints Michel, Gabriel, la déesse Minerve, la concorde. Ce cloitre a haute voute de l'époque antique est une véritable respiration pour les Lyonnais. Après cette pause reposante sur un banc, Il se lève, gagné par le froid. Il prendra d'ailleurs le bus pour s'avancer un peu dans son trajet. Il croise l'hôtel de ville puis l'opéra, et fera stopper son bus au niveau des Cordeliers. Continuant son chemin à pied dans la grande rue de la république.

Il s'arrête dans plusieurs magasins, mais n'a pu trouvé de cd-rom ni de livres assez approfondis sur la période 40-45. Croisant la statue imposante de Louis XIV sur son cheval, l'emblème de la place Bellecour, il continue sa route, rueVictor Hugo. Pas de chance, il commence à pleuvoir maintenant. Il en profite pour rentrer chez un nouvel antiquaire qu'il n'a encore jamais vu à cet endroit, un grand local à baies vitrées appellé tout simplement « chez René ».

Il rentre dans cette caverne d'alibaba où le brocanteur, un homme âgé, chauve, paraissant assez bourru, se déplaçant avec sa canne et le reçoit souriant. Puis un long dialogue va s'instaurer de manière très fluide et agréable :

- « Bonjour jeune homme, alors vous rentrez pour vous protéger de la pluie ? »

- « Oui en effet ce n'est pas faux mais je serai rentré même s'il ne pleuvait pas, je porte un grand intérêt à l'antiquité. Je ne vous ai jamais vu, vous venez d'ouvrir ? »

- « Oui, je suis nouveau dans cette ville et j'espère finir ma vie ici »

- « Ah d'accord vous n'êtes pas Lyonnais alors ? »

- « Non je viens de la Courneuve en Ile de France. Toute ma famille est restée dans cette région. Moi, je ne voulais pas finir ma vie là-bas. Étant croyant, j'avais besoin de terminer ma vie dans une ville religieuse, et Lyon m'a attiré, cette ville est si mystique, je m'y sens comme protégé à présent. »

« Vous avez raison, il est vrai que cette ville à une âme. À ce propos, vous ne connaissez donc pas la tradition du 8 décembre ici ? »

« Non pas du tout, il se passe quoi ? »

« Et bien demain tous les Lyonnais poseront des lampions à leurs fenêtres pour remercier la sainte vierge d'avoir éradiqué la peste en 1643, où le sud de la France était touché ».

Il me demanda à son tour :

- « Et toi que fais-tu alors ? »

- « Moi je suis étudiant en terminale, et en ce moment je suis en plein dans la période 40-45, je dois d'ailleurs rendre un exposé sur le sujet. Vous avez du vivre durement cette époque vous-même je présume ? »

Pas de réponse de la part du septuagénaire, étrange.. Raphaël poursuit la discussion :

- « Mon Grand-père lui a bien connu cette période, il était résistant »

Réponse étonnante de l'antiquaire :

- « Ha les résistants, des gens qui jouaient double jeu »

- « comment ça double jeu ? »

- « Tu es encore jeune, tu ne peux pas tout savoir, et ton grand-père ne t'a sûrement pas parler des agents de liaison. »

- « Expliquez-moi ce qu'est un agent de liaison s'il vous plaît »

- « Certains résistants avaient une relation particulière avec l'occupant, et la mettaient au profit pour leur réseau de résistance, ils pouvaient comme ça avoir des laisser passer, ces gens-là n'hésitaient donc pas à tromper et n'avaient donc pas beaucoup d'honneur en créant une fausse complicité »

- « En même temps s'était pour une bonne cause non ? »

Réponse énigmatique de l'antiquaire :

- « Certainement.. »

Énervé par la dernière réflexion qui critiquait le travail des résistants, Raphaël stoppa la discussion :

- « Bon il se fait tard, on a beaucoup parlé et

je n'ai pas vu le temps passé, puis du coup je n'ai même pas pu visiter votre local. Mais je reviendrais de toute façon, passez une bonne soirée, à bientôt. »

- « À bientôt jeune homme »

Chapitre 4 : Un homme troublant

Une fois rentré chez lui, Raphaël reste intrigué par ce brocanteur inconnu, il aimerait en savoir plus sur lui, et sur ce qui peut lui apprendre sur la période 40-45 qu'il étudie actuellement. En fait il l'a trouvé intrigant et charismatique. Il est vrai que la discussion a été naturelle et chaleureuse avec cet homme, malgré sa critique sur les résistants qu'il n'a pas compris.

Après ces cours, il se voit bien rejoindre René régulièrement comme un rendez-vous quotidien pour parler et approfondir avec un acteur principal des années 40. En effet René a du tout voir, et vivre pleinement cette époque. De plus, sachant qu'il est nouvel arrivant sur Lyon et ne connaissant personne, il pense aussi que sa compagnie peut lui faire passer de bons moments, surtout que les clients n'ont pas l'air de se bousculer.

Lundi 12 décembre 1994: après un cours d'histoire pas très intéressant, Raphaël est frustré, et il lui tarde de retrouver René, pour lui poser des questions sur le sujet qui le passionne en ce moment. Direction rue Victor Hugo, où il l'aperçoit derrière les baies vitrées de son grand local où il fait du rangement, seul sans visiteurs pour l'instant.

Raphaël :
- « Bonjour René, j'étais impatient de revenir vous voir et de regarder ce que vous vendez »

- « Bonjour Raphaël, c'est gentil de passer me voir à nouveau, tu sors de ton cours là ? »

- « Oui le cours d'histoire n'était pas passionnant, et je vous avoue que je suis plus curieux de votre récit concernant l'époque 40-45, que d'écouter un jeune prof qui n'était même pas né en 40 ! ça ne vous ennuie pas de reparler du sujet, de savoir comment vous avez vécu cette période ? »

- « Ben tu sais moi à l'époque je tenais mon magasin d'antiquités en Ile de France, j'ai souvent entendu les sirènes, sinon j'ai eu pas

mal de visites des troupes allemandes.
Comme il y avait un sous-sol dans mon local
d'époque, ils voulaient s'assurer que je ne
cachais pas de Juifs.
En même temps c'est compréhensible il fallait
bien qu'ils se cachent » dit-il avec un petit
rire..

- « Pourquoi vous riez René ? Je doute que ce
fusse une période drôle pour eux »

L'antiquaire se reprend :

- « Non mais bien sûr, je ne parlais pas de
leurs persécutions mais de leurs looks !
Désolé j'ai un humour un peu noir, tu
m'excuseras. En fait, je trouvais bête de leur
part de les voir obéir au régime en brodant
leurs étoiles jaunes sur leurs vêtements.

Il faut que tu saches que ce port obligatoire a
été mis en place par le régime allemand en
1939, pour leurs permettre de repérer les
Juifs. C'est d'abord les Juifs polonais de porter
des brassards blancs avec une étoile de David
bleue. Puis ce fût l'étoile jaune que doivent
porter les juifs allemands, et jusqu'au
printemps 1942 en Belgique, Pays Bas puis en
France. En 1942, les juifs doivent porter sur le

côté gauche de la poitrine l'inscription « Juif ».

Des lieux leur sont interdits comme les théâtres et les cafés.

Mais en zone libre, Vichy refusera d'imposer aux Juifs de porter l'étoile jaune. Dès l'invasion de la zone sud en 1942, le mot juif sera quand même écrit sur les cartes d'identité et d'alimentation.

Les opposants à Paris qui marqua leur désaccord, et par solidarité aux Juifs portaient une étoile détournée, mais ils seront arrêtés et emprisonnés. »

Chapitre 5 : Un article choquant

Malgré ces précisions instructives concernant le sort des Juifs à cette époque, Raphaël reste choqué de son humour déplacé.

Quand un client fait son entrée dans le local, Raphaël lui fait signe qu'il en profite pour faire un tour voir ses antiquités. Et il y a de quoi découvrir : entre les nombreux tableaux, meubles de toutes sortes, fauteuils, statuettes, bibelots, lampes etc..

Au fond de la pièce, il tombe sur un vieux guéridon, se met à fouiller dans un grand panier fourni de vieux chapeaux. Puis il tombe avec effroi sur une casquette orné d'un aigle broder puis le sigle de la croix gammée juste en dessous. Il a d'un coup l'impression de revenir dans un passé cauchemardesque qu'il pensait révolu. Mais non, la réalité est bien présente et il tient bien un quépi nazi dans la main.

Il rejoint René avec une mine choqueé qu'il ne cherche pas à cacher, avec la casquette à la main, en lui disant :

- « C'est illégal de vendre des objets nazis, ça ne vous dérange pas l'esprit de laisser cet article aux yeux de tout le monde ? »

L'antiquaire, l'air embarrassé tente de se justifier timidement :

- « Oui, c'est un ami fournisseur qui arrive à me dénicher un peu partout de nombreux objets de la dernière guerre mondiale. Oh ça va ! ne soit pas choqué comme ça jeune homme, ça reste un objet rare de la guerre, dur à trouver et très apprécié par les collectionneurs ! Et puis ça ne veut pas dire que je soutiens l'idéologie nazie en possédant cet article ».

Raphaël déstabilisera René en lui demandant combien il vend cet objet.
En effet celui-ci hésita quelques instants, puis se reprend pour lui préciser :

- « Euh.. en fait je ne sais pas trop combien ça coute, tu sais, je n'en ai encore jamais vendu, alors je demanderai au client directement combien il m'en donne ! »

La casquette encore à la main, la discussion se dirige maintenant sur les symboles nazis :

- « Vous avez vu René, juste au-dessus de la croix gammée, c'est un aigle »

Réponse glaçante de René :

- « Oui, une alliance entre l'immortalité et la race aryenne »

Brutalement, Raphaël lui tenda la casquette, et dira à René qu'il doit rentrer.
En fait, il cache secrètement son mal-être soudain. Il est complètement à côté de ses pompes, la dernière réponse de René l'a totalement sonné.

Chapitre 6 : La dernière visite

Une fois rentré dans son appartement de la Croix-Rousse, Raphaël reste déstabilisé par ce brocanteur qui ose vendre un objet nazi. Il pourrait le dénoncer, mais il n'est pas une balance, ce n'est pas son genre. Il aurait aimé se confier à Louis de cette situation qui le met si mal à l'aise.
Malheureusement, il s'en ai allé bien trop tôt, sous le chant des partisans, l'hymne de la résistance française.

Le temps passe. Après une période difficile, Raphaël poursuit son année de terminale, et pense toujours à cet antiquaire. Il a marqué sa mémoire.

Il en est même obsédé, comme s'il devait percer un secret chez lui, une étrange intuition qui ne le quittera pas.

Ce mardi 3 janvier 1995, Raphaël sort de son cours et traverse le pont des quais de Saône pour rejoindre le quartier Saint-jean appelé aussi le « Vieux Lyon ».
Un lieu médiéval aux nombreuses traboules : des passages réservés aux piétons permettant de traverser d'une rue à l'autre en passant sous des maisons, des escaliers. Ces chemins secrets très utilisés à l'époque de la guerre pour la population afin de se déplacer dans la ville, tout en se cachant des autorités.

Marchant sur des pavés inégaux, il manque de se tordre la cheville. Sur sa route moyenâgeuse où les lanternes trônent tout au long des ruelles, il croisera un magicien de rue, un joueur de pipeau qui se rajoutera à cette ambiance mystique d'un autre temps. Il ira se recueillir à la cathédrale Saint Nizier pour allumer un cierge en la mémoire de Louis.

Puis, il ne peut s'empêcher de traverser la passerelle du palais de justice, et aller souhaiter la bonne année à René.

Arrivé devant son local, il le reconnaît rapidement, lui sourit derrière la vitre.
Ils s'embrassent pour les bons voeux, même si l'incident de la dernière fois trotte encore dans leurs têtes.

- « Comment vas-tu depuis le temps ? Ça fait longtemps que je ne t'ai pas revu »

- « J'ai perdu mon grand-père récemment »

- « Ah je regrette, c'était le résistant dont tu m'as parlé ou un autre? »

- « Oui, sinon j'en avais un autre que je n'ai pas connu, il est mort dans le camp de Drancy ».

- « Vous avez dû en entendre parler de ce camp, ce n'était pas très loin de là où vous habitiez à la Courneuve non ? »

Bizarrement, René élude la question pour en poser une autre qui va définitivement mettre Raphaël dans un état de nerf incontrôlable :

- « Mais tu es sûr que ton grand-père est mort dans le camp ? Il est mort de quoi exactement ? »

À ce moment-là pour Raphaël c'est la goutte d'eau qui fait déborder le vase. Après s'être retenu suite à son premier mépris sur la résistance, son humour douteux sur les Juifs, et sa casquette nazie retrouvée dans son fourbi, il va quitter son local de façon fracassante en lâchant une phrase terrible déguisée en menace soujacente :

- « Je ne veux plus jamais avoir à faire à vous, vous êtes un mauvais personnage, négationniste et pro-allemand, depuis que je vous connais je n'entends que des réflexions choquantes sur le sujet, je ne mettrai plus jamais les pieds ici, et en attendant je ne vais pas vous faire de la pub ! »

Raphaël claque la porte sans se retourner pour voir la réaction de René..

Chapitre 7 : La bibliothèque

Cette fois-ci il en est sûr, il pense avoir découvert le secret de ce vieux brocanteur : un admirateur du régime nazi. Il a décidé de tourner la page de cette connaissance toxique. Il veut maintenant oublier cette période et se réfugier dans son travail.

Mais depuis cette engueulade, il n'arrive pas à dormir, il est resté choqué. La question de René hante encore son esprit. Peu sûr de lui, il se met à douter dans sa tête :

et si j'étais trop sensible ? trop susceptible sur ce sujet ? En effet, en réflechissant longuement il s'avoue lui-même ignorer de quoi est mort son grand-père dans ce bagne où l'humanité n'existait plus.

Mais quelle importance se dit-il?

En effet, qu'il soit mort d'épuisement au travail, de malnutrition, de maltraitance, d'être abattu à bout portant, ou dans une chambre à gaz, il est mort. Pourquoi donc lui poser cette

question si déplacée ? il regrette s'être confié à
cet inconnu, il ne connaît même rien sur lui,
ce personnage l'a fait beaucoup parlé, à
profiter de sa confiance et de sa gentillesse.

Il finit par s'endormir. Ce Mercredi 15 Janvier
1995, il se réveille encore en ressassant des
scènes négatives comme lorsqu' il tenait ce
quépi à la main devant ce brocanteur peu
scrupuleux. Aujourd'hui, il veut se changer les
idées, en se rendant à la bibliothèque
municipale de son quartier pour trouver des
livres sur la résistance toujours pour son
travail mais aussi pour élargir ses
connaissances sur un sujet qui continue à le
passionner. Arrivé sur les lieux, il demande
directement à une dame de l'accueil le rayon
sur le sujet.

Une fois renseigné, Il se dirige dans une allée
où de droite à gauche les étagères sont
remplies de livres sur la guerre, il a l'embarra
du choix. Il commence à repérer un livre sur
la vie de Raymond Aubrac, un des héros de la
résistance.

Mais il finira par en ouvrir un autre qui
l'intrigue d'avantage, car il s'agit de la vie des

déportés au camp de Drancy. La première page explique que depuis Aôut 1941 à Aôut 1944, le camp de Drancy est un camp de transit où les Juifs étaient enfermés, dans l'attente de leur déportation vers Auschiwtz pour être assassinés. Il découvre aussi que ce camp était gardé par des Français.

En continuant de pages en pages, il voit les dures photos des détenus amoindris en files d'attente pour accéder au lavoir, dans la cour. Il découvre des conditions d'hygiène déplorables. Mais le pire se trouvera à la page suivante où la photo d'un jeune homme tout sourire pose devant l'entrée du camp à côté des miradors et barbelés. A côté de cette image morbide, il se met à lire un paragraphe effroyable :

« En juillet 1942, René Zinger, célèbre antiquaire français de Drancy, est devenu le gardien du camp par intermittence, en remplacement d'un autre tombé malade. »

Il le voit en uniforme et quépi nazi, de plus, il reconnaît bien son visage en plus jeune. À ce moment-là une lame de glace traverse son corps. Il se sent mal, lâche le livre, s'asseoit, il pleure.

La dame de l'accueil s'approche de lui pour lui demander ce qui se passe. Se prenant la tête dans ses mains, il lui répondra d'une voix à peine audible :

- « Cet homme sur la photo je le connais ! Il tient un local d'antiquité rue Victor Hugo » dit-il, entre des sanglots qui ne laisse aucun de doute sur sa sincérité.

Pourtant la responsable de la bibliothèque n'est pas convaincu. Il est vrai que les chances sont faibles pour reconnaître un nazi dans un vieux livre d'histoire.

Il lui répondra pourtant vouloir emprunter le livre pour aller montrer la photo aux autorités compétentes.

Chapitre 8 : La traque

Raphaël, volontaire reprend le dessus. Et avant de contacter les autorités spécialisées dans la recherche des nazis, il veut d'abord en faire une affaire personnelle.

En effet, il veut lui régler son compte, il se sent trop trahi, lui qui a confié une partie de sa vie personnelle, il se sent manipulé comme un pantin. René lui a dit qu'une seule chose de vrai: Il vient bien de la Courneuve, située à quelques kilomètres de Drancy..

Il veut une explication en tête à tête, et tout de suite. Après avoir mangé, toujours ce jour du mercredi 15 Janvier 1995, il prend directement le métro, direction « chez René » avec le livre sous le bras. Douze jours qu'il ne l'a pas revu. Un nouveau face à face qui s'annonce explosif.

Durant son trajet il pense même a une chose effroyable : Et si René Zinger avait maltraité ou même tué son grand-père paternel dans le camp ? c'est possible mais il ne le sera jamais..

Une fois sorti du métro, il se trouve devant le magasin, et là c'est la douche froide.
Le local est vide. Derrière les baies vitrées, il n'y a plus rien, tout a disparu. Il s'est échappé, comme un lâche, mais pourquoi ? Comment a-t-il su ?

Et là il repense à sa dernière rencontre avec lui et se souvient de sa dernière phrase qu'il n'aurait jamais dû prononcer :

« En attendant je ne vais pas vous faire de la pub ! »

Il s'attendait donc que Raphaël parle de lui en dévoilant ses réflexions douteuses, et surtout son quépi nazi retrouvé, avec l'adresse du magasin. Il a pris peur et s'est enfui. C'est de ma faute se dit-il. Dévoilé ses intentions n'est jamais bon.

En rentrant chez lui, il appelle les autorités

spécialisées sur la traque des nazis.

Après avoir raconté son histoire, le nom de René zinger se rajoutera dans leurs fichiers, on lui a dit qu'une enquête sera faite.

Raphaël est déçu, frustré. Il ne pourra jamais le revoir et se venger. S'il était tombé sur ce livre d'histoire avant sa dernière visite chez René, il aurait pu le
confondre avec l'aide de la justice.

Maintenant, il est pessimiste et ne croit pas en son arrestation future. En effet, de nombreuses enquêtes sont déjà en cours dans le monde pour traquer des nazis, et René Zinger sera juste un nom de plus que l'on rajoute à une liste déja longue. De plus, ces traques sont très peu médiatisées. En effet, la plupart des procédures stagnent complètement et mènent en général à l'échec dues à des relations diplomatiques, de certains états complaisants, puis il existe des contradictions parmi les différents droits nationaux.

Raphaël poursuivra sa vie d'étudiant, en essayant difficilement d'oublier cet homme qui a détruit sa passion pour cette période. En effet il ne ressent à présent que du dégout et ne s'intéresse plus à ce sujet, c'est devenu un tabou pour lui et veut se tourner maintenant vers son avenir..

Chapitre 9 : Epilogue

1er Mars 1995 : Coyoacán. Nous sommes au cœur du quartier bohème artistique le plus riche et très touristique de Mexico, la capitale du Mexique.

La porte d'un petit magasin discret dans une étroite ruelle s'ouvre où rentre un jeune Mexicain. Un vieil homme barbu à lunettes avec les cheveux longs sort de son arrière-salle pour accueillir ce client.

- « Bonjour Monsieur, vendez-vous des statues ? »

- « Oui, quel genre de statue voulez-vous ? »

- « une statue de la sainte-vierge »

- « La sainte vierge ? Ah oui, je vais vous chercher ça, j'en avais récupéré à Lyon »

- « Ah vous vous venez de Lyon en France ? »

- « Oui, j'ai habité là-bas toute ma vie »

- « Et pourquoi vous êtes venu ici, si loin de la France si ce n'est pas indiscret ? »

- « D'abord Lyon était une ville froide dans tous les sens du terme, et j'avais besoin de soleil, et très croyant je voulais finir mes jours dans une ville où la religion catholique soit forte »

- « Oui, en effet la majorité des Mexicains sont catholiques ici. Il n'y a aucun nom sur votre boutique, vous n'avez pas de carte ? »

- « Non je regrette, je viens tout juste de m'installer, mais vous pouvez m'appeller René.. ».

FIN